Date: 3/16/17

**SP J 590 HAN
Hansen, Grace,
¡Animales extraordinarios! /**

PALM BEACH COUNTY
LIBRARY SYSTEM
3650 SUMMIT BLVD.
WEST PALM BEACH, FL 33406

¡Animales extraordinarios!

Grace Hansen

Abdo
VER PARA CREER
Kids

abdopublishing.com

Published by Abdo Kids, a division of ABDO, PO Box 398166, Minneapolis, Minnesota 55439.

Copyright © 2017 by Abdo Consulting Group, Inc. International copyrights reserved in all countries. No part of this book may be reproduced in any form without written permission from the publisher.

Printed in the United States of America, North Mankato, Minnesota.

052016

092016

 THIS BOOK CONTAINS RECYCLED MATERIALS

Spanish Translator: Maria Puchol, Pablo Viedma

Photo Credits: Getty Images, Glow Images, iStock, Science Source, Shutterstock

Production Contributors: Teddy Borth, Jennie Forsberg, Grace Hansen

Design Contributors: Laura Rask, Dorothy Toth

Publishers Cataloging-in-Publication Data

Names: Hansen, Grace, author.

Title: ¡Animales extraordinarios! / by Grace Hansen.

Other titles: Weird animals to shock you!. Spanish

Description: Minneapolis, MN : Abdo Kids, [2017] | Series: Ver para creer | Includes bibliographical references and index.

Identifiers: LCCN 2016934912 | ISBN 9781680807721 (lib. bdg.) |
    ISBN 9781680808742 (ebook)

Subjects: LCSH: Animals--Miscellanea--Juvenile literature. | Curiosities and
    wonders--Juvenile literature. | Spanish language materials--Juvenile literature.

Classification: DDC 590--dc23

LC record available at http://lccn.loc.gov/2016934912

Contenido

Extraño pero bueno 4

El pez melanoceto. 6

El aye-aye 8

La langosta mantis 10

La rata topo desnuda 12

El mono narigudo 14

El tarsio 16

La oruga de silla de montar 18

El axolote mexicano 20

Más datos 22

Glosario 23

Índice 24

Código Abdo Kids 24

Extraño pero bueno

Muchos animales viven en este mundo. Algunos son más raros que otros. ¡Esto los hace **especiales**!

El pez melanoceto

El pez melanoceto tiene un señuelo que cuelga sobre la boca y se ilumina. Así atrae a sus **presas**. El melanoceto se zampa a las presas **engañadas** por la luz.

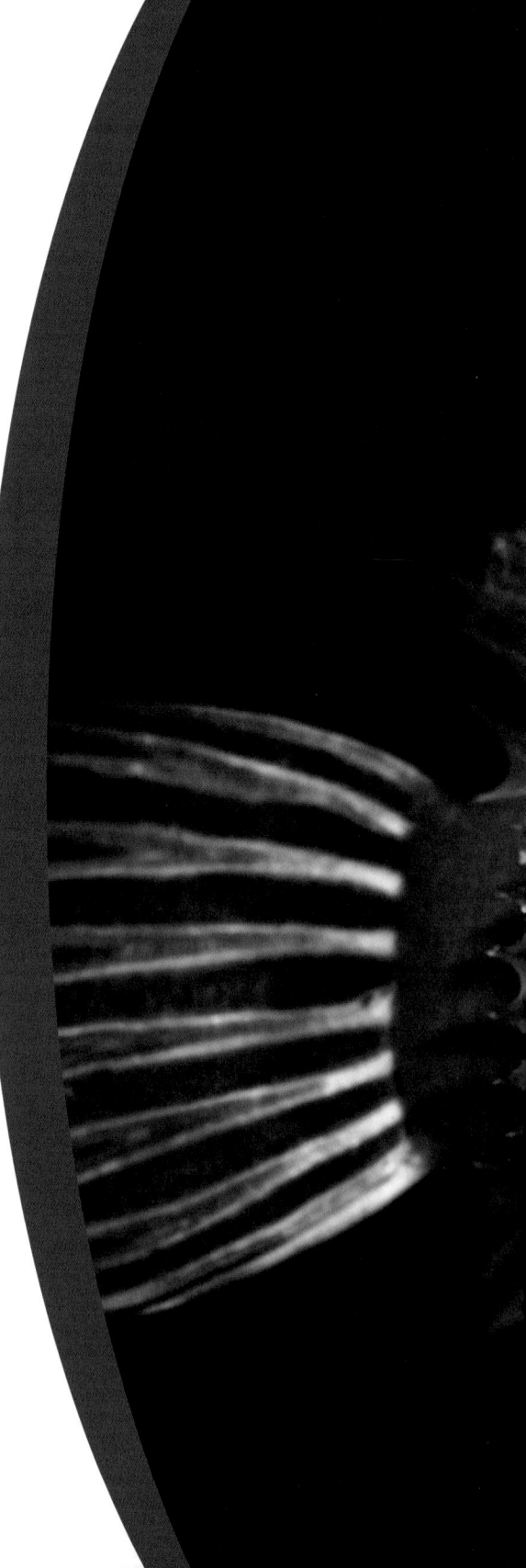

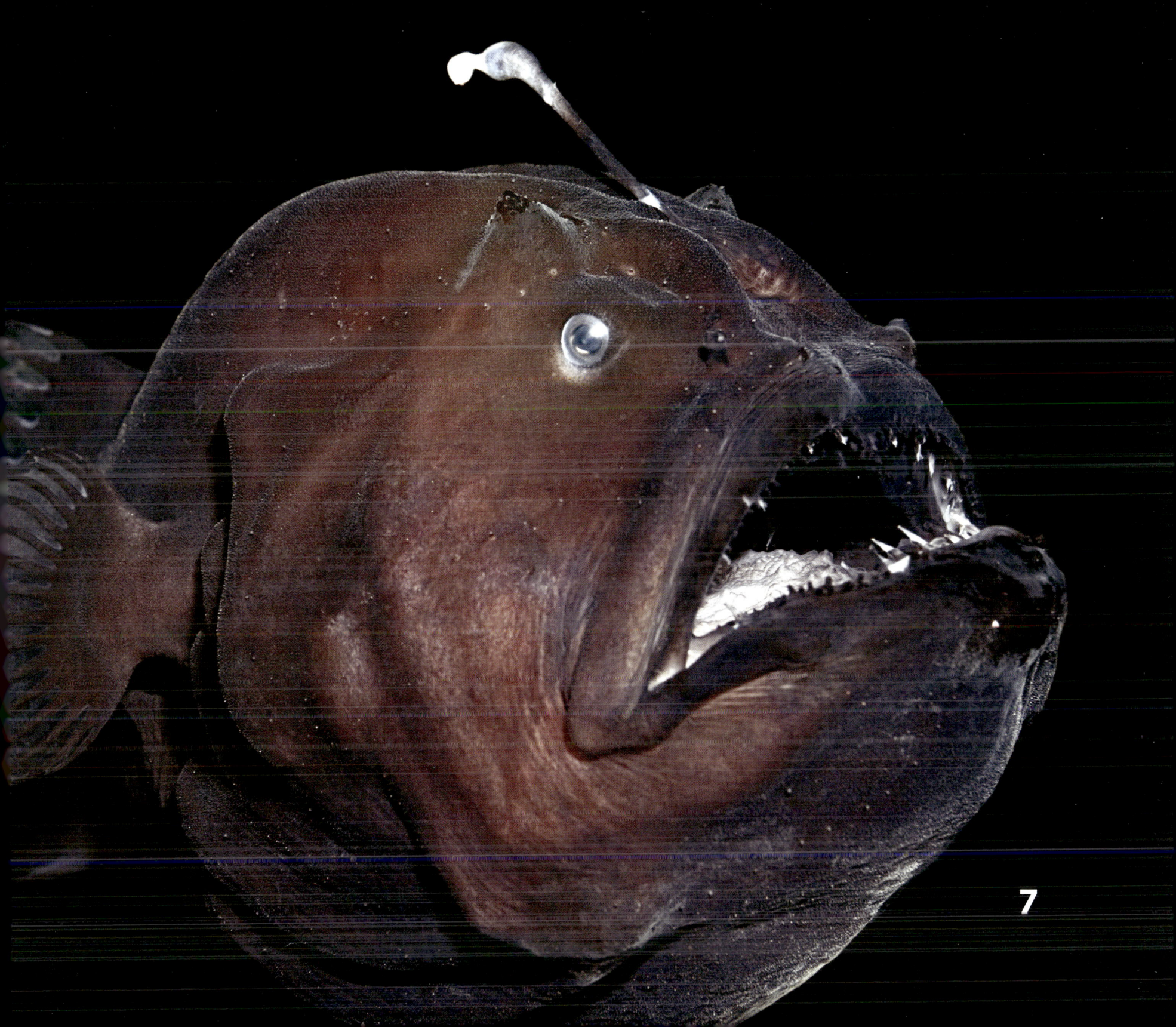

7

El aye-aye

Un aye-aye tiene los ojos y las orejas grandes. Busca insectos dentro de los árboles con su sentido del oído. Con sus largos dedos saca la comida de la corteza de los árboles.

9

La langosta mantis

La langosta mantis es muy buena cazadora. Golpea a sus **presas** para atraparlas y comérselas. ¡Sus golpes son rápidos y fuertes!

11

La rata topo desnuda

Esta rata topo desnuda vive bajo tierra. **Raramente** ve la luz del sol. No necesita pelo para proteger su piel.

13

El mono narigudo

El mono narigudo es famoso por su nariz. Los machos hacen ruidos. La nariz hace que los ruidos sean muy fuertes. Llaman a las hembras. Esas llamadas advierten a los otros machos.

15

El tarsio

¡Los tarsios pueden girar 180 grados la cabeza!

Tiene los ojos enormes.

Sus largas patas traseras le permiten saltar lejos.

La oruga de silla de montar

Esta oruga tiene cuernos. Los cuernos tienen espinas. Y estas espinas tienen **veneno** dentro.

El axolote mexicano

El axolote mexicano **raramente** sale del agua. ¡Le pueden crecer otra vez partes del cuerpo que haya perdido!

21

Más datos

- El señuelo que cuelga sobre la boca de un pez melanoceto es una especie de antena. Las hembras lo tienen y los machos no.

- ¡Los aye-ayes tienen la cola peluda y es más larga que su cuerpo entero!

- Según los científicos la langosta mantis tiene los ojos más **complejos** de todo el reino animal.

- ¡A los monos narigudos les encanta saltar desde los árboles al agua! ¡Muchas veces se tiran de panza!

Glosario

complejo – que no es fácil de entender o explicar. Nada simple.

engañado – atraído por motivos falsos.

especial – diferente de lo que es normal.

presa – animal que ha sido cazado para comérselo.

raramente – ocasionalmente.

veneno – sustancia tóxica producida por algunos animales.

Índice

axolote mexicano 20

aye-aye 8

caza 6, 8, 10

defensa 14, 16, 18, 20

hábitat 12, 20

langosta mantis 10

mono narigudo 14

oruga de silla de montar 18

pez melanoceto 6

presa 6, 8, 10

rata topo desnuda 12

ruido 14

tarsio 16

abdokids.com

¡Usa este código para entrar en abdokids.com y tener acceso a juegos, arte, videos y mucho más!

Código Abdo Kids: SWK7358